Jag är blyg
ผมอาย

Barns tvåspråkiga bildordbok

Svenska-Thailändska

Richard Carlson
Suzanne Carlson

The author would like to thank the illustrator and language translators.

En eftermiddag anlitade mina föräldrar en man för att schakta bort ett träd på vår framsida.

บ่ายวันหนึ่ง
พ่อแม่ของผมจ้างชายคนหนึ่งให้มาขุดต้นไม้ที่หน้าบ้านของเรา

"Skulle du vilja köra min schaktmaskin över din gård?", frågade mannen och klättrade ner från schaktmaskinen. Han hade på sig en vit t-shirt med hål, en gammal grön arbetaroverall och slitna bruna kängor.

"อยากขับรถดันดินของผมไปทั่วสวนนี้ไหมล่ะ?"
ชายคนนั้นถามพลางปีนลงจากรถดันดิน เขาสวมเสื้อยืดสีขาวมีรู ชุดเอี๊ยมคนงานสีเขียวเก่า ๆ และรองเท้าบูทสีแทนมีคราบสกปรก

Jag rusade bakom min pappa. Jag hade inte förväntat mig att erbjudas chansen att göra något som var så kul som att köra en schaktmaskin, precis som en riktig byggarbetare! Men. . . mitt bröst darrade av oro.

ผมเลยวิ่งไปข้างหลังพ่อ
ผมไม่เคยคิดมาก่อนว่าจะมีโอกาสได้ทำอะไรที่สนุกขนาดนี้
ก็เช่นการขับรถดันดินเหมือนคนงานก่อสร้างจริง ๆ นี่ไง! แต่...
ใจของผมกลับสั่นและไม่สบายใจ

Mamma satte händerna på höfterna. "Kom fram och svara mannen, Richard!", uppmanade hon.

แม่เอามือเท้าสะโพก แม่กระตุ้นและบอกว่า "โผล่มาตอบผู้ชายคนนั้นสิ ริชาร์ด!"

Faststelnat stirrade jag på mina skor. Pappa gick ned på knä framför mig. "Var inte blyg. Du kan köra den och se hur det är", sa han.

ผมจ้องไปที่รองเท้าของผม พ่อคุกเข่าลงต่อหน้าผม "อย่าอายเลย ลูกสามารถขับดูได้ว่ามันเป็นอย่างไร" พ่อบอก

Jag önskade verkligen att jag kunde köra schaktmaskinen, men mina läppar var som förseglade.

"Säg till mannen. Säg ja", sa mamma igen.

Men jag vände bort kroppen från den trevlige mannen.

ผมหวังเป็นอย่างยิ่งว่าจะได้ขับรถดันดิน แต่ริมฝีปากของผมกลับอ้าไม่ออก

"บอกเขาสิ ตอบว่า แน่นอนครับ สิลูก"   แม่พูดอีกครั้ง

แต่ผมกลับหันหลังให้ผู้ชายแสนดีคนนั้น

"Jag är blyg", viskade jag till slut. Jag kastade en blick på mammas ansikte i en sekund. Om hon bara kunde rädda mig från den här situationen!

"ผมอายครับ" ในที่สุดผมก็กระซิบออกมา ผมเหลือบมองหน้าแม่ครู่หนึ่ง หวังว่าแม่จะช่วยผมให้พ้นจากสถานการณ์นี้ได้!

"Det kommer bli kul", uppmuntrade hon. "Prova det bara."
"Jag kommer sitta alldeles bredvid dig", lovade mannen, "så att inget kommer hända."

"มันต้องสนุกแน่" แม่สนับสนุน "ก็แค่ลองดู"
"ผมจะนั่งข้างหนูเอง" ชายคนนั้นให้สัญญา "แล้วจะไม่มีอะไรเกิดขึ้นหรอก"

Jag skakade på huvudet och tittade ned på mina skor, fastän jag verkligen ville köra schaktmaskinen.

ผมส่ายหน้า ก้มลงมองรองเท้า ทั้ง ๆ ที่อยากจะขับรถดันดินจะตาย

En minut senare gick jag iväg och fann trygghet på vår bakgård. Där lekte jag med min leksaksschaktmaskin och skyfflade runt avloppsvatten på mitt avloppsreningsverk. Jag kände mig bekvämare med att vara utom synhåll från den trevlige mannen. Men jag önskade och önskade fortfarande att jag kunde köra hans schaktmaskin. Om bara mannen inte var där — då skulle min pappa kunna åka på den bredvid mig.

Sedan kom pappa över och lekte med mig. Det var då jag insåg att jag inte behövde köra schaktmaskinen för att ha kul. Allt jag behöver är att tillbringa tid med min pappa.

หนึ่งนาทีต่อมา ผมเดินหนีไปและรู้สึกปลอดภัยในสวนหลังบ้านของเรา ที่นั่นผมเล่นกับรถดันดินของเล่น ดันขยะต่าง ๆ ไปรอบ ๆ โรงบำบัดน้ำเสียของผมเอง ผมรู้สึกสบายใจมากขึ้นเมื่อไม่ได้อยู่ในสายตาของชายที่แสนดีผู้นั้น แต่ผมยังคงปรารถนาที่จะได้ขับรถดันดินของเขานะ ถ้าไม่มีผู้ชายคนนั้นพ่อคงมานั่งข้างผมได้

แล้วพ่อก็มาเล่นกับผม
นั่นคือตอนที่ผมรู้ว่าผมไม่จำเป็นต้องขับรถดันดินเพื่อความสนุกสนาน
ทั้งหมดที่ผมต้องการคือใช้เวลากับพ่อของผม

Om boken: Richard, en ung pojke, erbjuds chansen att köra en riktig schaktmaskin i sin trädgård, men han är väldigt blyg. Baserad på en sann historia.

Om författaren: Richard Carlson jr är författare till böcker för tvåspråkiga barn. www.richardcarlson.com.

Om illustratören: Konstnären Suzanne Carlson har ett spektrum av konstnärliga talanger och njuter av att skapa en mängd olika projekt. www.suzannecarlson.com